AF339646

CATALOGUE

EXPLICATIF

DE LA

Collection du docteur Benet-Deperraud

EX—MÉDECIN DU ROI DE LAHORE,

ET CHIRURGIEN EN CHEF DE SES ARMÉES.

PRIX : 15 CENTIMES.

PARIS. — OCTOBRE 1857.
IMPRIMERIE D'AUBUSSON ET KUGELMANN
RUE GRANGE-BATELIÈRE, 13.

CATALOGUE

DE LA

COLLECTION DU DOCTEUR BENET-DEPERRAUD

CATALOGUE

DE LA

[...] DE MONTREUIL

CATALOGUE

N. 1. — Façade principale de la Mosquée désignée sous le nom de TCHINI-DERVADJAH, à Agra.

N. 2. — Tente d'un officier de la compagnie des Indes, gardée par un Cipaye, un domestique est auprès, et un OUNTI-SAOUAR, monté sur un chameau harnaché, lui apporte des dépêches.

N. 3. — Fortification de SINDHI sur la rive gauche de l'Indus; une barque indienne aborde tout auprès.

N. 4. — Corps principal du monument désigné sous le nom de Tage (à Agra) ou TAJH-MAHAL.

Le n. 19 représente l'ensemble des trois corps formant le monument.

Le TAJH-MAHAL fut élevé par l'empereur SHAH-JÉHAN (*le roi du monde*) sur la tombe de sa favorite NOUR-JÉHAN (*la lumière éclatante du monde*).

De tous les monuments derniers vestiges de la puissance des Grands Mogols, celui-là est le seul qui soit sans rival, même en Europe.

N. 5. Porte d'entrée du TAJH-MAHAL. L'encadrement du portail est formé par des tables en marbre blanc sur lesquelles sont inscrites des légendes en langue persane.

N. 6. — Tombeau élevé à la mémoire de l'empereur des Mogols BABER, par son fils HOUMAYOUN, qui lui succéda.

N. 7. — Habitants de la province du Sindh sur les bords de l'Indus.

N. 8. — Cavalier de la province du COUTCH (ou Cutch) armé de sa lance, de son sabre et de son bouclier. Un domestique tient son cheval,

N. 9. — Intérieur de l'habitation princière désignée sous le nom d'AMEDDOULAH (à Agra).

Le marbre, le granit et l'or forment une mosaïque des plus resplendissantes et des plus originales (voir le n. 27).

N. 10. — Porte d'entrée du TAJH-MAHAL (reproduction du N. 5).

N. 11. — AMSHAH. Habitation particulière de l'empereur dans le fort d'Agra. A droite et à gauche on voit les pavillons destinés à l'habitation des femmes composant le harem.

N. 12. — Tombe de NOUHR-JÉHAN dans le Tajh-Mahal, à Agra.

Ce mausolée est en marbre blanc orné de mosaïques représentant des fleurs.

N. 13. — FORT d'AGRA, vue prise du côté de la rivière (la Djamna); son étendue est considérable, et plus de vingt mille hommes peuvent s'y abriter.

N. 14. — Porte d'entrée du TAJH-MAHAL, vue prise du côté du jardin.

N. 15. — Grande mosquée de NOURANGUABAD.

N. 16. MOTHI-MADJID dans le fort d'Agra, ou la perle des mosquées.

N. 17. — Grille de marbre ornée de mosaïques dans l'intérieur du TAJH-MAHAL.

N. 18. — Mausolée élevée sur la tombe de l'empereur

SHAH-JEHAN; il est placé à côté de sa favorite NOUR-JEHAN, sous le dôme du Tajh-Mahal.

N. 19. — Le TAJH-MAHAL, vu dans son ensemble du côté de la rivière.

N. 20. — Le papier de tenture étant inconnu, les murs des principales habitations sont ornés à l'intérieur de peintures ou de mosaïques dont ce dessin offre un spécimen.

N. 21. — Mosquée du TAJH-MAHAL, dans laquelle les musulmans habitant Agra vont faire leurs prières soir et matin.

N. 22. — Le TAJH-MAHAL, vue prise du côté du jardin.

N. 23. — Peinture et décoration de l'intérieur du dôme du TAJH-MAHAL.

N. 24. — SEKOUNDRA (près d'Agra), spécimen d'architecture indoue. Ce monument, de quatre étages, est d'une hauteur et d'une étendue immenses.

N. 25. — DJEMMA-MADJID A DELHY, grande mosquée, sans contredit la plus grandiose qui ait été construite sous l'empire des Mogols.

N. 26. — Peinture murale destinée à remplacer le papier de tenture.

N. 27. — AMEDDOULAH (à Agra), habitation princière des plus splendides.

Le n. 9 représente une vue de l'intérieur.

N. 28. — MOSQUÉE située à Campoure (Cwnpoore) dont les minarets sont en état de ruine.

N. 29. — Copie du N. 6, dessin plus petit.

N. 30. — FORT DE HAYDERABAD (sur l'Indus). Les Anglais considèrent la possession de cette forteresse comme une des plus importantes à la conservation de leur puissance dans l'Inde.

N. 31. — Trois spécimen de peintures murales pour remplacer le papier de tenture dans la décoration des habitations princières.

N. 32, 33, 34, 35, 36, 37, 38, 39, 40, 41, 42, 43, 44, 45, 46, 47, 48, 49, 50, 51, 52, 53. — *Mythologie indoue.*

N. 54. — Vue de la porte principale du FORT DE DELHY assiégé, en ce moment, par une armée anglaise.

N. 55. — Portrait du PADISHAH ou EMPEREUR DE DELHY.

N. 56. — Portrait du RADJAH DE BÉNARÈS.

N. 57. — Femme du harem fumant et s'éventant.
Le costume est exact, mais la figure est de fantaisie.

N. 58. — Femme du harem faisant de la musique.
Figure de fantaisie, costume exact.

N. 59. — Costume exact, figure fantaisie.

N. 60. — Femme du harem faisant sa toilette.
Figure fantaisie, costume exact.

N. 61. — Femme du harem fumant et caressant un chien.
Figure fantaisie, costume exact.

N. 62. — Portrait du RADJAH DE BÉNARÈS.

N. 63. — Femme du harem faisant de la musique.
Costume exact, figure fantaisie.

N. 64. — Femme du harem.
Costume exact, figure fantaisie.

N. 65. — Deux femmes du harem faisant de la musique.
Costume exact, figure fantaisie.

N. 66. — Divinité indoue représentant la PUISSANCE.

N. 67. — Divinité indoue.

N. 68. — Vue du TAJH-MAHAL, à Agra.

N. 69. — SEKOUNDRA, à Agra. (Voir le N. 24.)

N. 70. — Grille de l'intérieur du TAJH-MAHAL, ornée de mosaïques.

N. 71. — Le TAJH-MAHAL, vue prise du côté du jardin.

N. 72. — Vue d'AMEDDOULAH, à Agra. (Voir le N. 27.)

N. 73. — Servante et domestique créoles de Maurice.

N. 74. — Servantes à la promenade (Maurice).

N. 75. — Vieux nègre vendant des gâteaux (Maurice).

N. 76. — Nègre de Mozambique habitant Maurice.

N. 77. — Malgache ou habitant de Madagascar.

N. 78. — Lascar indien.

N. 79. — Indienne Lascar.

N. 80-81. — Blanchisseuses malgaches (Mozambique).

N. 82-83. — Négociants arabes faisant le négoce à Maurice.

N. 84-85-86. — Race de Malabars nés à Maurice (chrétiens).

N. 87. — PANKA-OUALA, domestique dont le service consiste à éventer son maître.

N. 88. — DARJY, domestique tailleur.

N. 89. — BISTY, domestique porteur d'eau.

N. 90. — KESMAANGAR, domestique pour le service de la table, faisant rafraîchir de l'eau.

N. 91. — BAOUARTCHY (cuisinier), domestique préparant le dîner de son maître.

N. 92. — KESMAANGAR, domestique pour le service de la table, lavant la vaisselle.

N. 93. — FAKIR, sorte de religieux-mendiant à la subsistance desquels les nombreux fidèles pourvoient en échange de prières.

N. 94. — Id.

N. 95. — Id.

N. 96. — Id.

N. 97. — Id.

N. 98. — Id.

Nota. Chaque caste a ses fakirs.

N. 99. — *Femme Bengalie* attachée en qualité de nourrice à Mme X..., modiste à Calcutta.

Aquarelle faite à Paris.

Au moment où une discussion, surgie au sein de la Société ethnologique entre un membre de l'Institut et le docteur Benet-Deperraud, semblait ne pouvoir avoir de solution, le hasard fit arriver cette femme à Paris, et permit au médecin du roi de Lahore de prouver, par la présentation de cette Bengalie, que les assertions qu'il avait émises étaient fondées.

N. 100. — Domestique conduisant un cheval et ayant à la main un *tchaoury*, ou chasse-mouches.

N. 101. — *Palanquin* pour transporter les femmes de haute caste, mais pauvres; une femme placée dedans regarde et respire par l'ouverture pratiquée au pardha ou tenture qui sert à la cacher.

N. 102. — Voiture pour femme de haute caste; une femme regarde et respire par une ouverture pratiquée au pardha ou tenture servant à la cacher.

N. 103. — Voiture pour homme; un domestique armé la précède.

N. 104. — Femmes puisant de l'eau avec des cruches.

N. 105. — Marchande de bracelets de verre servant une de ses pratiques.

N. 106. — Laboureur.

N. 107. — Femme dévidant du fil ayant son enfant sur ses genoux.

N. 108. — Deux musiciens ambulants.

N. 109. — Marchand de sucreries (confiseur indien).

N. 110. — Marchand de fruits ; les corbeilles sont pleines de mangues, fruit considéré par les européens comme supérieur à nos pêches.

N. 111. — Maître d'école avec son écolier.

N. 112. — Deux musiciens ambulants.

N. 113. — Tailleur de cristaux.

N. 114. — Orfèvre.

N. 115. — Serrurier et forgeron.

N. 116. — Jongleur faisant de la musique et montrant un oiseau curieux.

N. 117. — Marchande de poisson tenant, avec ses pieds, l'instrument qui lui sert à couper ses gros poissons.

N. 118. — Marchande de légumes et de fruits, tenant à sa main une balance ; son panier, placé à gauche, contient des bananes.

N. 119. — Jongleur montrant un ours qu'il a apprivoisé.

N. 120. — Domestique trayant une vache.

N. 121. — Indien blanchisseur. On remarquera qu'au lieu de frapper sur son linge, il frappe sur un banc le linge qu'il veut blanchir.

N. 122. — Chaudronnier travaillant.

N. 123. — Tailleur de verres.

N. 124. — Jongleur faisant danser un singe sur une chèvre.

N. 125. — Confiseur en plein air pesant sa marchandise.

N. 126. — Marchand de fruits.

N. 127. — Jongleur jouant avec une *couleuvre Capelle*. Ce serpent, de la plus dangereuse espèce, est fort commun dans l'Inde, et il est rare que l'homme qu'il a mordu survive plus de quatre heures à l'inoculation du venin de la COBRA CAPELLA.

N. 128. — Femme vendant des bracelets en verroterie.

N. 129. — Femme préparant du fil ponr faire de la toile.

N. 130. — DOBY, ou blanchisseur.

N. 131. — Femme de DOBY étirant son linge.

N. 132. — DARJY, ou tailleur (travaillant).

N. 133. — Fabricant d'instruments divers.

N. 134. — INDIEN travaillant à purger le coton de son chaton et de ses semences.

Une Corde à boyau, dont les extrémités sont fixées à un arc, étant tendue, fréquemment pincée et lâchée, fouette sur le coton, le fait voler, et, par ce moyen, en isole les parties hétérogènes.

N. 135. — Fabricant de couleurs tenant sa molette à la main.

N. 136. — Teinturier filtrant sa teinture.

N. 137. — Menuisier charpentier sciant du bois.

N. 138. — Chaudronnier fabricant toutes sortes de vases en cuivre.

N. 139. — Maréchal ferrant.

N. 140. — Porteur d'eau pour le service du public.

N. 141. — Tente d'officier anglais gardée par un Cipaye de la Compagnie des Indes. Un Cipaye, à califourchon sur un chameau, lui apporte des dépêches.

N. 142. — BABOU, ou riche Indien se promenant à cheval suivi d'un domestique chargé du soin du cheval.

N. 143. — Riche INDIEN en promenade sur son palanquin.

N. 144. — PRINCE INDIEN, se promenant juché sur son Eléphant et précédé d'un hallebardier.

N. 145. — INDIEN dans un palanquin de voyage.

N. 146. — Riche INDIEN faisant ses visites dans son palanquin d'apparat.

N. 147. — INDIEN voyageant en voiture.

N. 148. — Femme Indienne voyageant en voiture. Le domestique, chef gardien du Harem, précède la voiture.

N. 149. — TARA-OTAR (dieu destructeur). Divinité indoue.

N. 150. — Origine de la puissance. Un Poisson (le dauphin) vomit un Roi dont les quatre bras signifient la puissance, et l'auréole, le respect dont il doit être entouré.

N. 151. — NOUR-SINGH-OTAR, Dieu du Mal dévorant un homme armé. Sa fureur est paralysée par l'arrivée de Brama, Dieu Créateur.

- N. 152. — Le Dieu et la Déesse représentant la *Puissance* ou la *Force* lancent des flèches contre une Divinité destructice et, malgré que ce Dieu destructeur aie cent têtes et cent bras, néanmoins, la présence du Singe sacré ou HANUMAT, serviteur de RAMA (incarnation de Wishnou), qui se trouve placé au-dessus des combattants, décide la Victoire en faveur du Dieu de la Force.

N. 153. — LA DEVY DOURGA, la femme du dieu Shiva, qui fut métamorphosée en rivière (le Gange).

Nota. On sait que Chiva est un dieu détruisant ou changeant les formes.

155. — Le Géant RAVANAT, autre génie du Mal, malgré ses cent bras armés, combat vainement le génie de la Puissance, protégé par la Vache sacrée et la présence de la figure du dieu créateur Brama.

N. 155. — GANEYALAL, le génie de la Puissance, debout devant Brama, qui est placé sous un dais, vient lui demander de l'eau sainte, que Brama lui verse dans les mains.

N. 156. — TRINITÉ INDOUE. Une grosse colonne représente le monde. La tortue, sur laquelle se trouve placée cette colonne, signifie qu'ici bas tout marche à pas lents.

L' effigie du génie de la puissance, placée au sommet de la colonne, veut dire qu'une puissance supérieure dirige le monde.

Le serpent, emblême de l'Eternité, est entortillé autour de la colonne; puis des dieux destructeurs et des dieux conservateurs tirent sur le Serpent, mais grâce à la puissance de Brama, dieu créateur, le monde reste en équilibre.

N. 157. — LA CRÉATION. Le dieu Brama sort du sein de l'Onde, portant le premier homme dans une corbeille placée sur sa tête; des animaux, des végétaux et des constructions jaillissent en même temps.

N. 158. — Fêtes Mulsumanes du Mouhareum.

N. 159. — Id.

N. 160. — Id.

N. 161. — Id.

N. 162. — Id.

N. 163. — Fêtes Musulmanes de Mouhareum.

N. 164. — Id.

N. 165. — Id.

N. 166. — Id.

N. 167. — Id.

N. 168. — Id.

N. 169. — Id.

N. 170. — Fêtes indoues.

N. 171. — Id.

N. 172. — Id.

N. 173. — Id.

N. 174. — Id.

N. 175. — Id.

N. 176. — Id.

N. 177. — Id.

N. 178. — Id.

N. 179. — Id.

N. 180. — Id.

N. 181. — Fêtes indoues.

N. 182. — Bayadères et Musiciens.

N. 183. — Id.

N. 184. — Id.

N. 185. — Id.

N. 186. — Id.

N. 187. — Id.

N. 188. — Id.

N. 189. — Id.

N. 190. — Id.

N. 191. — Id.

N. 192. — Id.

N. 193. — Id.

N. 194. — Fakirs, ou religieux mendiants.

N. 195. — Id.

N. 196. — Id.

N. 197. — Id.

N. 198. — Id.

N. 199. — Fakir, ou religieux mendiants.

N. 200. — Id.

N. 201. — Id.

N. 202. — Id.

N. 203. — Id.

N. 204. — Id.

N. 205. — Id.

N. 206. — Cipaye irrégulier.

N. 207. — Cipaye irrégulier.

N. 208. — Souverain se promenant en éléphant.

N. 209. — Soldat à califourchon sur un chameau.

N. 210. — Fakirs ou religieux mendiants.

N. 211. — Id.

N. 212. — Id.

N. 213. — Id.

N. 214. — Id.

N. 215. — Id.

N. 216. — Domestique trayant une chèvre.

N. 217. — Domestique cirant les chaussures de son maître européen.

N. 218. Domestique conduisant un cheval.

N. 219. — Domestique portant des provisions dans des coffres (dits patarras) destinés aux voyages.

N. 220. — Domestique repassant du linge.

N. 221. — Domestique conduissant des chiens.

N. 222. — Palanquin dans lequel voyage une femme.

N. 223. — Indien voyageant dans sa voiture.

N. 224. — Indien se promenant en palanquin.

N. 225-226. — Indien se promenant à cheval.

N. 227. — Promenade le soir en palanquin.

N. 228. — GANÉCHA, ou le dieu de la Sagesse.

N. 229. — TARA-OTAR, ou le dieu destructeur.

N. 230-231. — Divinités indoues.

N. 232. — Portrait du MAHA RADJAH RANDJIT-SINGH, roi de Lahore, surnommé, par les anglais, le *Napoléon de l'Indoustan*.

L'histoire de ce grand roi a été publiée par son médecin, e docteur Benet-Deperraud, dans les mémoires de la société

Ethnologique. Le titre du mémoire est : *De l'Origine, des Mœurs et de la Puissance des Sicks.*

N. 233. — La femme du dieu SHIVA.

N. 234. — Caparaçon ou chabraque avec sa courroie.

Ce magnifique caparaçon, de manufacture royale, fut donné, en présent, par le MAHA RADJAH RANDJIT-SINGH à son médecin, le docteur Benet-Deperraud.

N. 235. — Chale en mousseline bleue, brodé d'or et d'argent; il était destiné à être enroulé autour d'un turban blanc (présent royal au même).

N. 236. — Etoffe en soie rouge brodée d'or et d'argent.

Ces deux spécimen, d'un travail très-défectueux, formaient le centre de deux pièces dont les autres parties, remarquablement tissées et brodées, ont servi à confectionner l'ameublement du docteur Benet-Deperraud.

Ces exemples de fraude sont très-fréquents dans l'Inde.

N. 237. — Arc dont se servent les Indiens pour lancer des flèches soit pour le combat, soit pour la chasse.

N. 238. — Vingt-cinq flèches renfermées dans un carquois.

Quelques-unes de ces flèches sont empoisonnées avec le suc d'une plante appartenant à la famille des euphorbiacées.

N. 239. — Grande lance d'apparat ayant près de quatre mètres de longueur, et ornée, dans son entier, par des peintures indiennes.

N. 240. — Lance de combat ayant appartenu à un des soldats faisant partie d'un des régiments du général Allard.

N. 241. — Couteau de chasse, arme destinée à la défense contre des bêtes féroces.

N. 242. — L'habitant du Népaul, lorsqu'il voyage, porte avec lui une arme comme celle figurant sous le n. 242.

N. 243. — Autre spécimen servant au même usage.

N. 244. — *Coupe-tête indien*, sabre destiné aux sacrifices. On sait que, lorsqu'une armée se met en campagne, on opère le sacrifice d'un bouc ou d'un bélier. Le sang de cet animal étant encore chaud, les soldats en arrosent leurs armes, ce qui désormais les rendra invincibles.

N. 245. — *Fusil à mèche*, un des plus beaux et des plus curieux que l'on ait fabriqué. L'exposition faite par la compagnie des Indes, en 1855, n'en présentait pas de semblable.

Ce fusil fut donné à titre de souvenir au docteur Benet-Deperraud par le prince Korrek-Singh, fils aîné de Randjit-Singh, au moment où il monta sur le trône du Pandjab.

C'est un fusil à mèche beaucoup plus long que nos fusils d'Europe. Le travail en est très-soigné, et des légendes arabes et persannes le couvrent dans la plus grande partie de sa longueur.

Il était destiné à servir à la fois de fusil de combat et de fusil de chasse; il porte la date 1230 de l'hégire. Randjit-Singh l'avait reçu vers l'an 1820 de Dost Mohammed, roi du Caboul, à une époque où ces deux princes étaient en négociation.

Voir, pour l'explication des légendes, la description qui en a été faite par M. Reinaud, membre de l'Institut de France, professeur d'arabe, etc., etc. (*Journal asiatique* 1856).

N. 246. — Ceinturon muni de trois gibernes destinées à être garnies de balles, et d'une boîte à poudre d'une forme toute particulière.

N. 247. — Statuette en ivoire représentant un FAKIR, appartenant à une caste particulière, et dont la sainteté est telle que grâce à ses prières, etc., etc., la stérilité cessera chez la femme qui viendra réclamer ses bons offices.

Voir à ce sujet le mémoire lu à l'Institut par le docteur Benet-Deperaud et ayant pour titre : De l'origine des mœurs et de la puissance des Siohs.

N. 248. — TCHAOUKIDAR, ou soldat destiné à la garde de la ville pendant la nuit (en ivoire).

N. 249. — Soldat attaché au THANADAR, ou chef de la police (en ivoire).

N. 250. — ORDELLY, ou soldat au service d'un officier en ivoire).

N. 251. — Guerrier MAHRATTE. C'est à cette race qu'appartient le trop fameux NANA-SAHIB (en ivoire).

N. 252. — Riche habitant du royaume de Lahore (caste Sicke) (en ivoire).

N. 253. — *Fakir* de même caste que celui du n. 247 (en ivoire).

N. 254. — Riche indien à cheval (en ivoire).

N. 255-256. — Deux hommes à califourchon sur un chameau (en ivoire).

N. 257. — ANTILOPE, ou cerf de l'Inde (en ivoire).

N. 258. — Tigre voulant dévorer une antilope (en ivoire).

N. 259. — Femme sortant du bain, procédant à sa toilette (en ivoire).

N. 260-261. — Riche Indien à cheval (en ivoire).

N. 262. — AYA, ou femme de chambre indoue (en ivoire).

N. 263. — AYA, ou femme de chambre musulmane (en ivoire).

N. 264. — Soldat chargé de la police (en ivoire).

N. 265. — Soldat chargé de la police (caste sicke) (en ivoire).

N. 266. — Indien à cheval (en ivoire).

N. 267. — Prince Sick sur son fauteuil (en ivoire).

N. 268. — GÉNIE DU MAL, représentant en tout point l'idée que nos enfants se font du diable d'après les sottes descriptions qui leur en sont faites (en ivoire).

N. 269. — *L'empereur de Delhy* dans son HOUDDA sur un éléphant. Son *cornac* lui tient le *houcka*, et le domestique placé derrière lui tient à la main un chasse-mouches en plumes de paon (en ivoire).

N. 270. — *Cipaye* attaché à la personne de l'empereur de Delhy (en ivoire).

N. 271. — Sabre de soldat avec son baudrier.

N. 272. — TCHILEMCHY, vase dont on se sert dans l'Inde pour procéder à sa toilette.

N. 273. — LOTA, vase indispensable à tout Indien. Ce vase, auquel on attache une petite corde, sert à puiser de l'eau, à boire, etc., car on sait que le climat de l'Inde est brûlant. De plus, un passage des livres sacrés prescrit expressément à tout fidèle de ne jamais satisfaire à aucun besoin sans faire immédiatement après une lotion et une prière.

N. 274. — Amulette ou talisman auquel la crédulité et la superstition des musulmans attribue toute sorte de vertus.

La légende est en langue persanne et signifie : invoque ALY, objet des plus grandes merveilles tu le trouveras, une ressource dans le malheur. Oui, tous les maux et toutes les peines seront dissipés par ta protection, ô Aly! ô Aly! ô Aly!

N. 275. — Roupie, quart de pagode.

N. 276. — Roupie de FERRAKABAD, ayant cours dans toutes les provinces de l'Inde, tandis que la roupie de la compagnie n'est pas admise dans tous les bazars.

N. 277. — Roupie de FERRAKABAD (fausse monnaie).

N. 279. — Roupie de KACHEMIR ; elle ne vaut que douze aunas (les autres en valent seize).

N. 280. — Roupie de LAHORE.

N. 281. — Roupie d'AMRETSIR.

N. 282 — Deux annas ou huitième partie de la roupie (compagnie des Indes).

N. 283. — PEÇAS ou sols de la compagnie des Indes, représentant chaque un quart d'anna ou la soixante-quatrième partie d'une roupie.

N. 284. — Deux sols de la compagnie des Indes, représentant demi-anna ou 20 cash.

N. 285. — Cinq cash ou demi-peça.

N. 286. — Peças ou sols ayant cours dans plusieurs provinces de l'Inde.

N. 287.—Lanterne, style de l'Inde, réprésentant six types de différentes races, ainsi que des dessins d'ornementation. Ces peintures vitrifiées ont été faites à Paris par un artiste des plus distingués (M. Bourières, rue des Petits-Hôtels, 8).

N. 288.—Cinquante-huit pièces monnaies, ou médailles indiennes indo-schytiques ou bactriennes.

N. 289. — Canne faite avec une branche d'arbre à thé.